por Dana Meachen Rau ~ ilustrado por Rick Peterson

Traducción: Patricia Abello

¡Mira!

Un libro sobre la vista

Agradecemos a nuestras asesoras por su pericia, investigación y asesoramiento:

Angela Busch, M.D.,
All About Children Pediatrics,
Minneapolis, Minnesota

Susan Kesselring, M.A.,
Alfabetizadora
Rosemount-Apple
Valley-Eagan (Minnesota)
School District

PICTURE WINDOW BOOKS
www.picturewindowbooks.com
A Coughlan Publishing Company

Dirección ejecutiva: Catherine Neitge
Dirección creativa: Terri Foley
Dirección artística: Keith Griffin
Redacción: Christianne Jones
Diseño: Nathan Gassman
Composición: Picture Window Books
Las ilustraciones de este libro se crearon a la aguada.
Traducción y composición: Spanish Educational Publishing, Ltd.
Coordinación de la edición en español: Jennifer Gillis/Haw River Editorial

Picture Window Books
5115 Excelsior Boulevard
Suite 232
Minneapolis, MN 55416
877-845-8392
www.picturewindowbooks.com

Library of Congress Cataloging-in-Publication Data
Rau, Dana Meachen, 1971-
[Look! Spanish] ¡Mira! : un libro sobre la vista / por Dana Meachen Rau ;
ilustrado por Rick Peterson ; traducción, Patricia Abello.
p. cm. — (Nuestro asombroso cuerpo. Los cinco sentidos) Includes index.
ISBN 978-1-4048-3829-1 (library binding)
1. Vision—Juvenile literature. 2. Eye—Juvenile literature. I. Peterson, Rick. II. Title.
QP475.7.R3818 2008
612.8'4—dc22   2007030089

Mírate en el espejo.

¿De qué color son tus ojos: verde, azul, café o gris?

3

El color de los ojos varía. Pero la tarea principal de los ojos es la misma: ver.

4

La vista es uno de tus cinco sentidos.

La parte de color del ojo es el iris. En la mitad del iris hay un círculo negro. Ese círculo en realidad es un hueco. Lo llamamos pupila.

Los ojos son redondos. Son blandos y están llenos de un líquido espeso.

iris

pupila

La pupila cambia de tamaño.
Se agranda en la oscuridad
para que entre más luz al ojo.

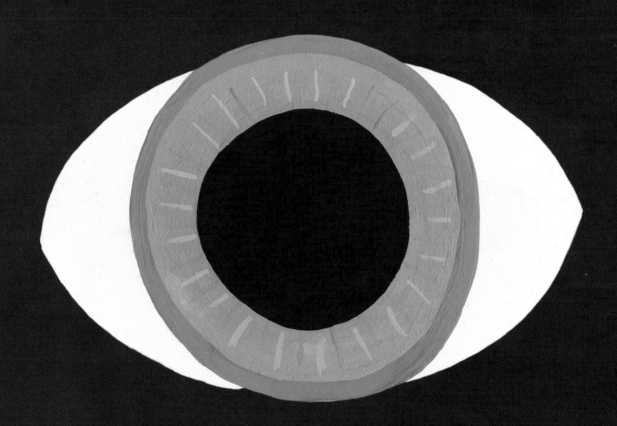

El iris y la pupila están cubiertos por una
capa transparente que deja pasar la luz y
protege el ojo. Esa capa se llama córnea.

Es difícil ver en la oscuridad.
Los ojos necesitan mucha luz
para ver bien.

9

Vemos gracias a la luz. Cuando miras un objeto, éste da luz o refleja la luz. La luz forma una imagen del objeto.

La luz entra a la pupila y pasa por una lente llamada cristalino. Esa lente enfoca el objeto.

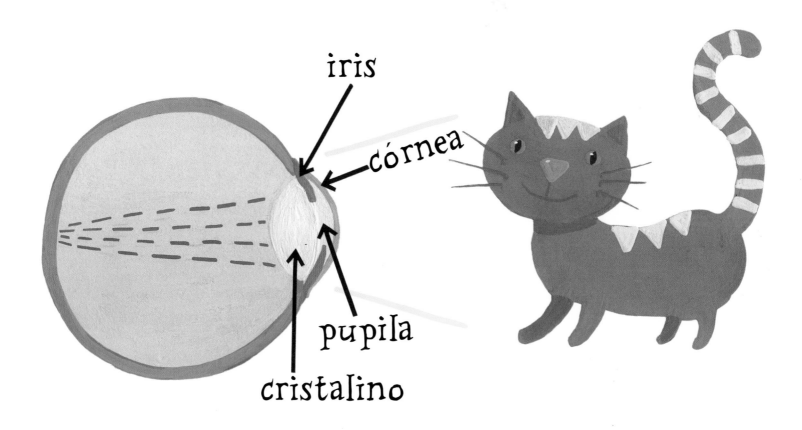

iris

córnea

pupila

cristalino

Hay personas que usan gafas porque no ven bien. Las gafas tienen lentes como las de los ojos. Con las gafas, los ojos reciben una imagen clara de las cosas.

La imagen llega al fondo del ojo. El fondo se llama retina. Dentro de la retina hay dos tipos de células: los bastones y los conos. Los bastones sirven para ver el blanco y el negro. Los conos sirven para ver el color.

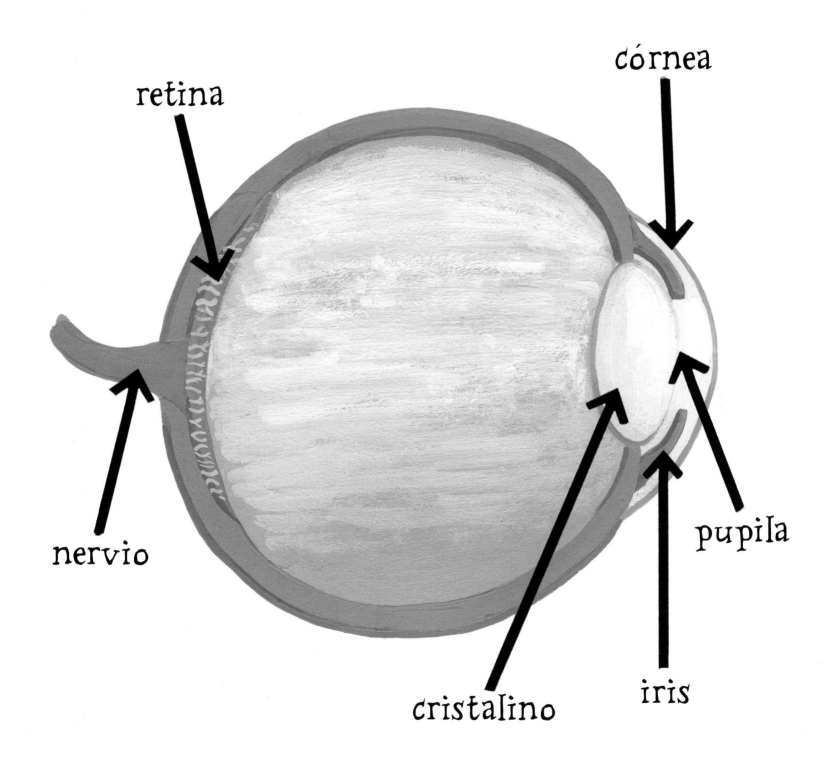

retina

córnea

nervio

cristalino

iris

pupila

La retina está unida a un nervio. El nervio conecta el ojo al cerebro. Lleva mensajes del ojo al cerebro.

Los ojos ven la forma de los objetos. Una pelota y una roca pueden ser redondas. Pero tus ojos saben que son distintas porque su forma es un poco diferente.

Al usar los dos ojos, vemos la distancia de los objetos. Esto se llama profundidad.

¿Te gusta atrapar una pelota? Cuando alguien te lanza una pelota, tus ojos la enfocan. Así sabes cuándo se acerca. En ese momento usas la percepción de profundidad.

Los ojos tienen varios músculos que los mueven de arriba a abajo y de un lado a otro.

Tus ojos trabajan mucho y es importante cuidarlos. El cuerpo los protege. La capa delgada de piel que cubre cada ojo se llama párpado. Durante el día, parpadeas mucho.

Miras

Miras

Miras

Parpadeas

Miras

Parpadeas

Miras

Miras

Miras

Miras

Parpadeas

Miras

Las pestañas no dejan que entre polvo a los ojos. Las cejas no dejan que les entre sudor. Si te cae algo en un ojo, las lágrimas lo lavan.

19

Todos los ojos funcionan igual.
No importa el color.

Verde, azul, café o gris.
Sea cual sea el color, ¡los ojos te permiten ver!

Diagrama del ojo

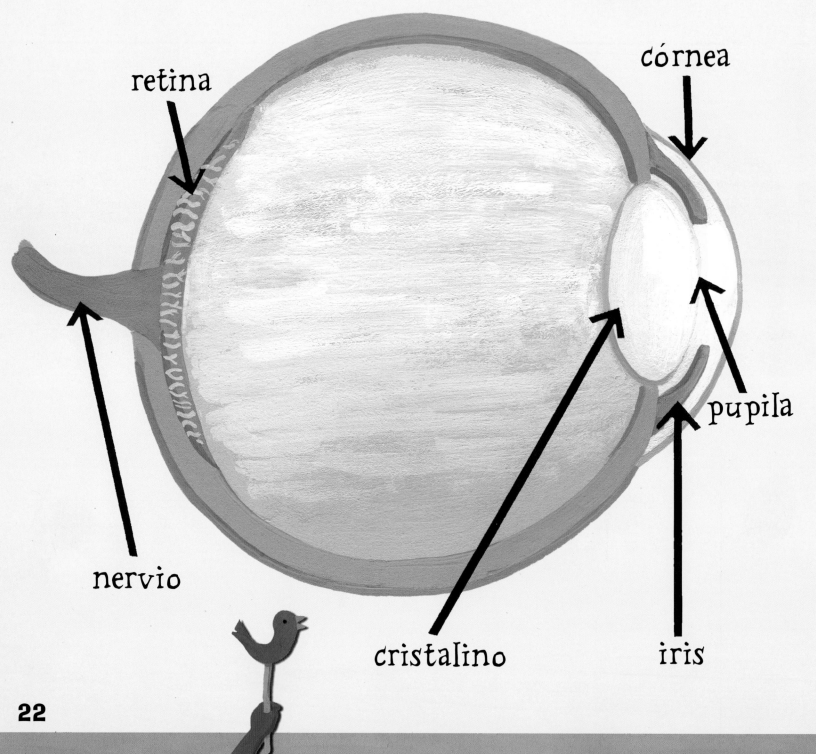

retina

córnea

nervio

pupila

cristalino

iris

Datos curiosos

- Si eres miope, ves lo que está cerca pero no ves lo que está lejos. Si eres hipermétrope, ves lo que está lejos pero no ves lo que está cerca.

- Los microscopios, los telescopios, las cámaras y las gafas tienen lentes.

- Parpadeas cada dos a diez segundos. Eso significa que tienes los ojos cerrados hasta media hora al día sólo por parpadear.

Glosario

bastones (los)— partes del ojo que ven el blanco y el negro

conos (los)—partes del ojo que ven el color

córnea (la)—capa transparente que cubre el iris y la pupila

cristalino (el)—parte del ojo que enfoca los objetos

iris (el)—parte de color del ojo

nervios (los)—cordones que reciben y llevan mensajes de distintas partes del cuerpo al cerebro

párpado (el)—piel delgada que cubre el ojo

profundidad (la)—distancia de un objeto

pupila (la)—hueco del centro del iris

retina (la)—fondo del ojo

Aprende más

Para leer

Aliki. *Mis cinco sentidos.* España: SM, 2005.

Mackill, Mary. *La vista.* Chicago: Heinemann Library, 2006.

Woodward, Kay. *La vista.* Milwaukee: Gareth Stevens, 2005.

En la red

FactHound ofrece un medio divertido y confiable de buscar portales de la red relacionados con este libro. Nuestros expertos investigan todos los portales que listamos en FactHound.

1. Visite *www.facthound.com*

2. Escriba código: 1404810196

3. Oprima el botón FETCH IT.

¡FactHound, su buscador de confianza, le dará una lista de los mejores portales!

Busca todos los libros de la serie Nuestro asombroso cuerpo:

¿A qué huele? Un libro sobre el olfato

¡Mira! Un libro sobre la vista

¡Oye! Un libro sobre el oído

¡Qué rico! Un libro sobre el gusto

Suave y liso, áspero y rugoso: Un libro sobre el tacto